kool - sikolwa	2
reisimine - kuhamba	5
transport - kwetfutsa	8
linn - lidolobha lelikhulu	10
maastik - libala	14
restoran - sitolo sekudla	17
supermarket - isuphamakethe	20
joogid - tinatfo	22
toit - kudla	23
talu - lipulazi	27
maja - indlu	31
elutuba - indzawo yamabonakudze	33
köök - likhishi	35
vannituba - likamelo lekugezela	38
lastetuba - likamelo lemntfwana	42
riietus - timphahla tekugcoka	44
kontor - lihhovisi	49
majandus - umnotfo	51
ametid - tikhundla	53
tööriistad - emathulusi	56
pillid - insimbi yemculo	57
loomaaed - i-zoo	59
sport - temidlalo	62
tegevused - imisebenti	63
perekond - umndeni	67
keha - umtimba	68
haigla - sibhedlela	72
hädaolukord - simo lesiphutfumako	76
Maa - Umhlaba	77
kell - liwashi	79
nädal - liviki	80
aasta - umnyaka	81
kujundid - kubumbeka kwetintfo	83
värvid - imibala	84
vastandid - lokwehlukile	85
numbrid - tinombolo	88
keeled - tilwimi	90
kes / mis / kuidas - ngubani / ini / njani	91
kus - kuphi	92

Impressum
Verlag: BABADADA GmbH, Nedderfeld 112 , 22529 Hamburg
Geschäftsführer / Verlagsleitung: Harald Hof
Druck: Books on Demand GmbH, In de Tarpen 42, 22848 Norderstedt

Imprint
Publisher: BABADADA GmbH, Nedderfeld 112 , 22529 Hamburg, Germany
Managing Director / Publishing direction: Harald Hof
Print: Books on Demand GmbH, In de Tarpen 42, 22848 Norderstedt

kool
sikolwa

klassiruum / likilasi

jagama / hlukanisa

186/2

tahvel / libhodi

koolihoov / ligceke lesikolwa

õpetaja / thishela

paber / liphepha

kirjutama / bhala

pastapliiats / ipeni

kirjutuslaud / lideski

joonlaud / i-ruler

raamat / incwadzi

õpilane / umuntfu

koolikott

sikhwama setincwadzi tesikolwa

pinal

sikhwanyana semapenisela

harilik pliiats

ipenisela

pliiatsiteritaja

umshini wekulolo ipenisela

kustukumm

i-rubber

joonistusplokk

intfo yekudvweba

kool - sikolwa

joonistus	pintsel	värvikarp
umdvwebo	libhulashi lekupenda	libhokisi lekupenda

käärid	liim	töövihik
tikelo	i-glue	incwadzi yekutadisha

kodutöö	number	liitma
umsebenti wasekhaya	inombolo	hlanganisa

lahutama	korrutama	arvutama
susa	phindzaphidza	bala

täht	tähestik	sõna
incwadzi	feleba	ligama

kool - sikolwa

tekst umbhalo	lugema fundza	kriit ishogo

koolitund sifundvo	klassipäevik i-register	eksam sivivinyo sekugcina

tunnistus sitifiketi	koolivorm timphahla tesikolwa	haridus imfundvo

entsüklopeedia i-ensaklopheda	ülikool inyuvesi	mikroskoop sipopolo
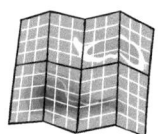		
kaart libalave	paberikorv libhakede lekulahla emaphepha	

kool - sikolwa

reisimine
kuhamba

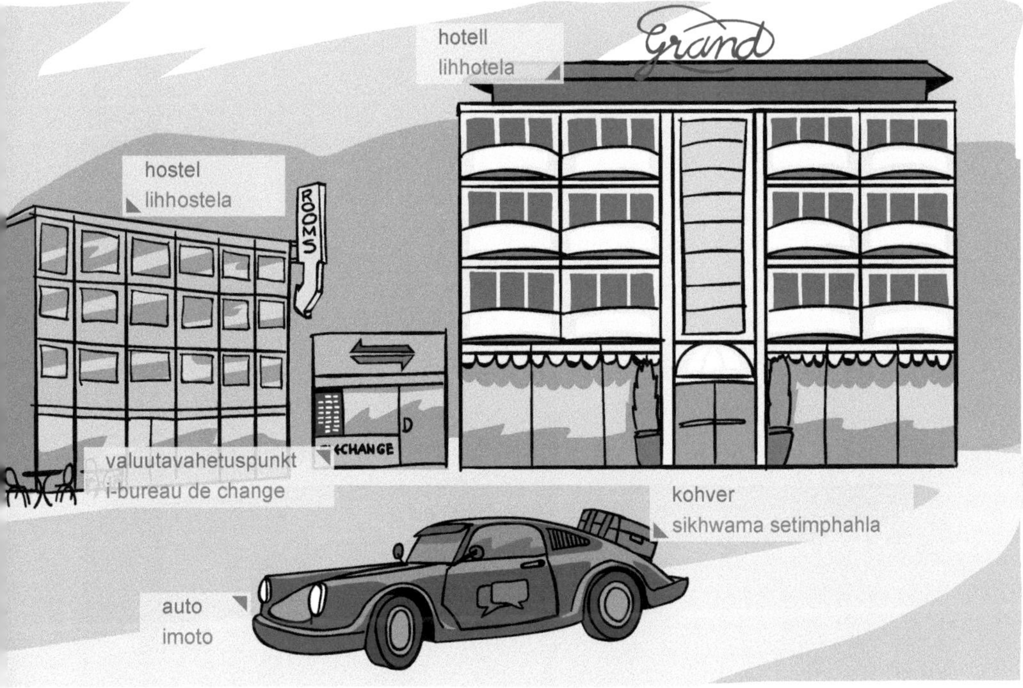

hotell — lihhotela

hostel — lihhostela

valuutavahetuspunkt — i-bureau de change

kohver — sikhwama setimphahla

auto — imoto

keel
lulwimi

jah / ei
yebo / cha

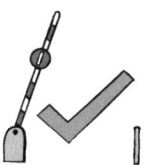

okei
Kulungile

Tere!
sawubona

tõlk
umhumushi

Aitäh!
Siyabonga

reisimine - kuhamba

Kui palju maksab …?
ingumalini i….?

Ma ei saa aru
angivisisi kahle

probleem
inkinga

Tere õhtust!
Lishonile!

Tere hommikust!
Kusile!

Head ööd!
Ulale kahle!

Head aega!
sala kahle

suund
sicondziso

pagas
umtfwalo

kott
sikhwama

seljakott
sikhwama lesigacwako

külaline
sivakashi

tuba
likamelo

magamiskott
sikhwama sekulala

telk
lithende

 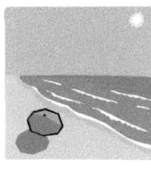 

turismiinfo	rand	krediitkaart
imininingwane yetivakashi	ibhishi	likhadi lemali

hommikusöök	lõunasöök	õhtusöök
kudla kwasekuseni	kudla kwasemini	kudla kwantsambama

pilet	lift	postmark
lithikithi	i-lift	sitembu

riigipiir	toll	saatkond
umcele	emakhasimende	i-embasi

	viisa	pass
	i-visa	ipasipoti

reisimine - kuhamba

transport
kwetfutsa

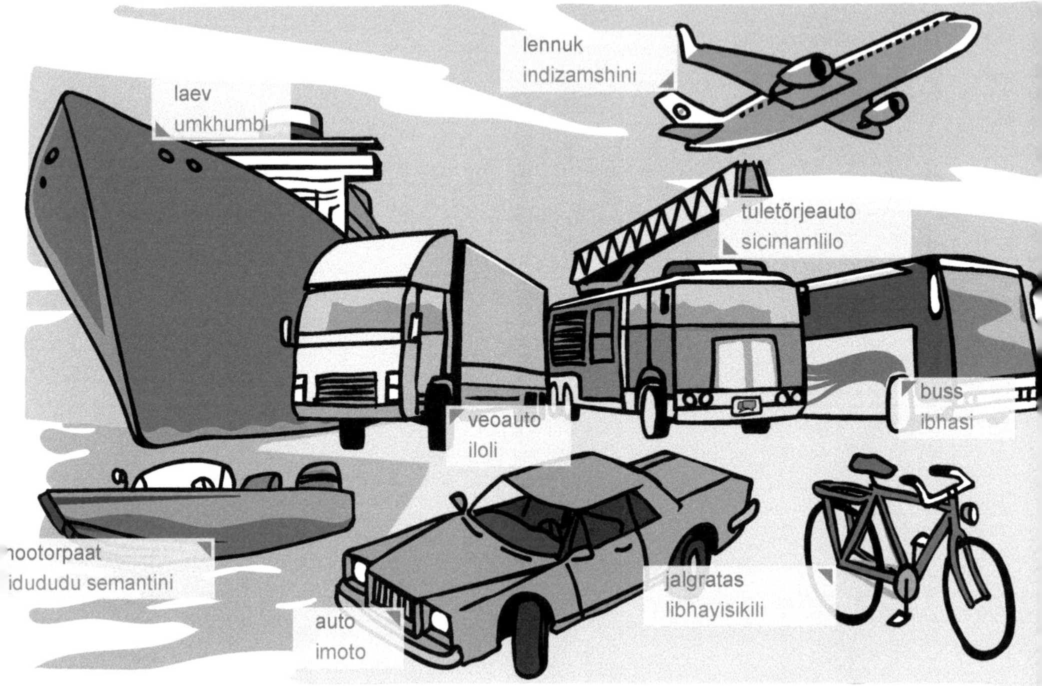

lennuk / indizamshini

laev / umkhumbi

tuletõrjeauto / sicimamlilo

buss / ibhasi

veoauto / iloli

mootorpaat / idududu semantini

jalgratas / libhayisikili

auto / imoto

praam
i-ferry

paat
sikebhe

mootorratas
sidududu

politseiauto
imoto yemaphoyisa

võidusõiduauto
imoto yemjaho

rendiauto
imoto yekucashisa

ühisauto
kubolekana imoto

puksiirauto
i-breadown

prügiauto
iloli yetibi

mootor
imoto

kütus
phethiloli

tankla
ligalaji laphethiloli

liiklusmärk
luphawu lwemgwaco

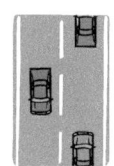
liiklus
incumbi yetimoto

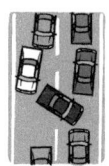
liiklusummik
incumbi yetimoto letime emngwacweni

parkla
ipaki yemoto

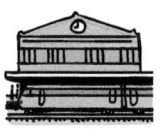
raudteejaam
siteshi sesitimela

rööpad
imizila

rong
sitimela

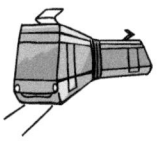
tramm
i-tram

vagun
inkalishi

transport - kwetfutsa

helikopter
indiza lenaphephela emhlane

lennujaam
sikhungo setindiza

torn
imoto yekudvonsa letibhajiwe

reisija
bagibeli

konteiner
intfo yekutfwala

pappkast
likhathoni

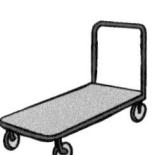
käru
i-cart

korv
bhasikidi

õhku tõusma / maanduma
kusuka / kwehla

linn
lidolobha lelikhulu

küla
umuti

kesklinn
ekhatsi nelidolobha

maja
indlu

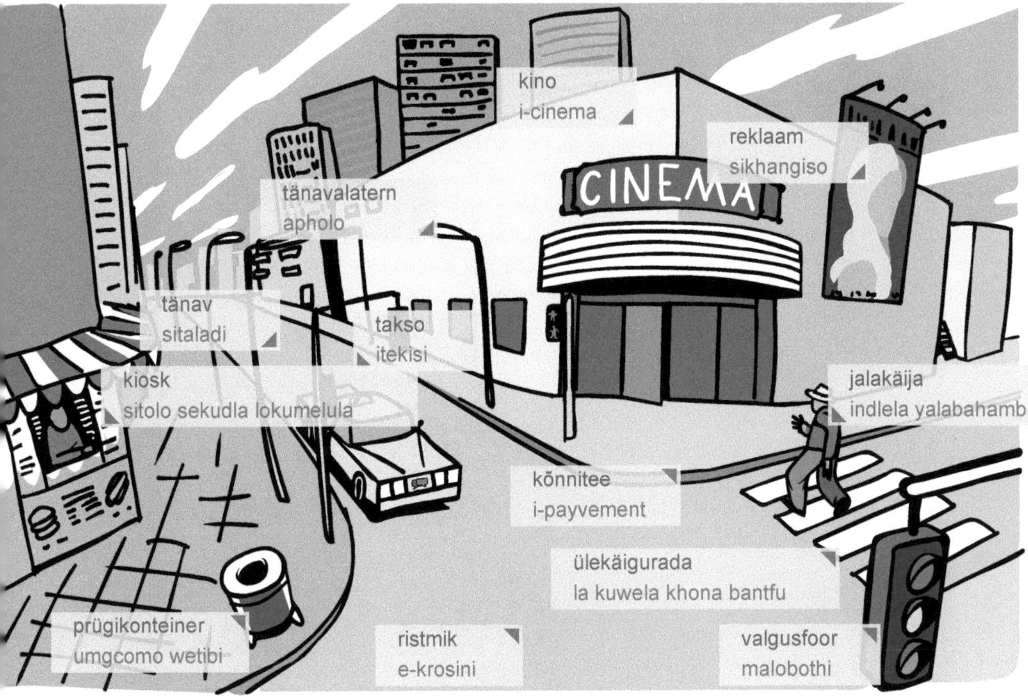

kino
i-cinema

reklaam
sikhangiso

tänavalatern
apholo

tänav
sitaladi

takso
itekisi

kiosk
sitolo sekudla lokumelula

jalakäija
indlela yalabahamba

kõnnitee
i-payvement

ülekäigurada
la kuwela khona bantfu

prügikonteiner
umgcomo wetibi

ristmik
e-krosini

valgusfoor
malobothi

osmik
gucasthandaze

kortermaja
lifulethi

raudteejaam
siteshi sesitimela

raekoda
lihholwa lasedolobheni

muuseum
imnyusiyamu

kool
sikolwa

linn - lidolobha lelikhulu

ülikool
inyuvesi

pank
libhange

haigla
sibhedlela

hotell
lihhotela

apteek
ikhemisi

kontor
lihhovisi

raamatupood
sitolo setincwadzi

kauplus
sitolo

lillepood
lotsengisa timbali

supermarket
isuphamakethe

turg
imakethe

kaubamaja
litiko letitolo

kalapood
batsengisi betimfishi

kaubanduskeskus
luchungechuge lwetitolo

sadam
sikhungo

linn - lidolobha lelikhulu

park
lipaki

pink
libhentji

sild
libhuloho

trepp
titezi

metroo
ngephansi kwemhlaba

tunnel
umhume

bussipeatus
siteshi sebhasi

baar
sitolo setjwala

restoran
sitolo sekudla

postkast
libhokisi leliposi

tänavasilt
luphawu lwemgwaco

parkimisautomaat
umshini lobala sikhatsi sekupaka

loomaaed
i-zoo

ujula
i-swimming pool

mošee
lisontfo lemasulumane

linn - lidolobha lelikhulu

talu — lipulazi

reostus — kugcolisa umoya

surnuaed — emathuna

kirik — lisontfo

mänguväljak — inkhundla yetemidlalo

tempel — lithempeli

maastik
libala

- leht — licembe
- teeviit — luphawu lwemgwaco
- tee — indlela
- aas — umshiya
- kivi — litje
- puu — sihlahla
- matkaja — lohamba indlela lendze ngetinyawo
- jõgi — umfula
- rohi — tjani
- lill — imbali

maastik - libala

org
sihosha

mägi
ligcuma

järv
lidanyana

mets
lihlatsi

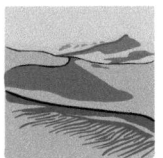

kõrb
lihlane

vulkaan
intsabamlilo

linnus
umhlambi wetinkhomo

vikerkaar
umushi wenkhosatane

seen
likhowa

palm
sihlahla semphayini

sääsk
imbuzulwane

kärbes
kundiza

sipelgas
intfutfwane

mesilane
inyosi

ämblik
sayobi

maastik - libala

mardikas | konn | orav
inkhubabulongo | sicoco | chakijane

siil | jänes | öökull
ingungumbane | lolunye luhlobo lwalogwaja | sikhova

lind | luik | metssiga
inyoni | i-swan | ingulube yesiganga

hirv | põder | pais
inyamatane | i-moose | lidamu

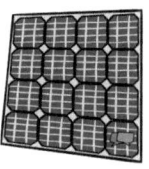

tuuleturbiin | päikesepaneel | kliima
i-wind turbine | i-solar panel | simo selitulu

restoran
sitolo sekudla

- kelner / waiter
- menüü / luhla lwekudla
- tool / situlo
- supp / lisobho
- pitsa / i-pizza
- söögiriistad / tipuni imimese netimfologo
- laudlina / indvwangu yelitafula

eelroog
kudla lokusicalo

pearoog
kudla locinile

magustoit
idizethi

joogid
tinatfo

toit
kudla

pudel
libhodlela

kiirtoit
kudla lokusheshako

tänavatoit
kudla kwasemngwacweni

teekann
ligedlela lelitiye

suhkrutoos
indishi yashukela

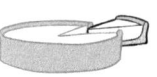
portsjon
incenye

espressomasin
umshini we-espresso

lastetool
situlo lesiphakeme

arve
ibhili

kandik
li-tray

nuga
umukhwa

kahvel
imfologo

lusikas
sipuni

teelusikas
sipuni lesincane

salvrätik
ithishu yetandla

klaas
ligilasi

restoran - sitolo sekudla

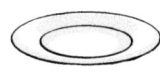

taldrik
lipuleti

supitaldrik
lipuleti lelisobho

alustass
lipringi

kaste
i-sauce

soolatoos
libhodvo lasawoti

pipraveski
i-pepper mill

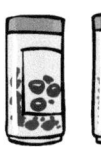

äädikas
niniga

õli
emafutsa awoyela

vürtsid
tipayisi

ketšup
i-ketchup

sinep
i-mustard

majonees
mayonasi

restoran - sitolo sekudla

supermarket
isuphamakethe

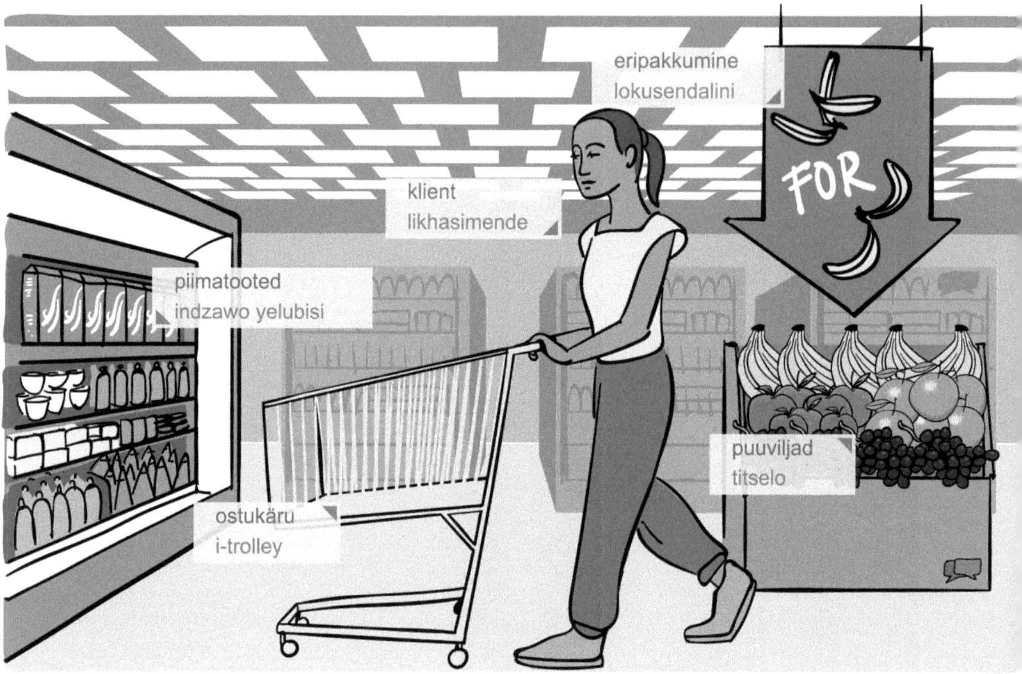

eripakkumine
lokusendalini
FOR
klient
likhasimende
piimatooted
indzawo yelubisi
puuviljad
titselo
ostukäru
i-trolley

BUTCHERS

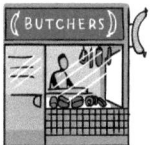

lihapood

ibhushari

BAKERY

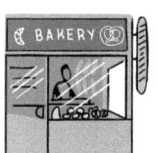

pagariäri

i-baker

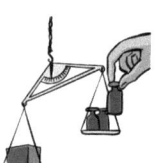

kaaluma

kala

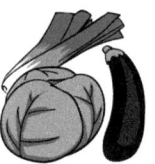

köögiviljad

tibhidvo

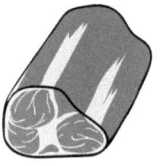

liha

inyama

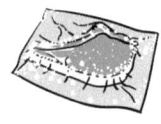

külmutatud toit

kudla lokucandzisiwe

lihalõigud
inyama lebandzako

konservid
kudla likusemathinini

pesupulber
insipho yekuwasha

maiustused
emaswidi

majatarbed
tintfo tasekhaya

puhastustooted
imitsi yekukolobha

müüja
umuntfu lotsengisako

kassaaparaat
endzaweni yekubhadala

kassapidaja
umtsengisi

ostunimekiri
uhla lwetintfo tekutsengwa

lahtiolekuajad
ema-awa ekuvula

rahakott
sipatji

krediitkaart
likhadi lemali

kott
sikhwama

kilekott
sikhwama seshekhasi

supermarket - isuphamakethe

joogid
tinatfo

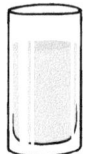
vesi
emanti

mahl
ijuzi

piim
lubisi

koola
ikhokhi

vein
liwani

õlu
ibhiya

alkohol
tjwala

kakao
ikhokho

tee
litiye

kohv
likhofi

espresso
i-espresso

cappuccino
i-cappuccino

toit
kudla

banaan
bhanana

õun
lihhabhula

apelsin
liwolintji

arbuus
melon

sidrun
ilemoni

porgand
emavondlela

küüslauk
galiki

bambus
i-bamboo

sibul
anyanisi

seen
emakhowa

pähklid
emantongomane

nuudlid
ema-noodles

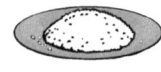

spagetid
sipageti

riis
lilayisi

salat
isaladi

friikartulid
emashibusi

praekartulid
emazambane lafrayiwe

pitsa
i-pizza

hamburger
i-burger

võileib
isengwishi

šnitsel
inyama lefulawe netimvitsi tesinkhwa

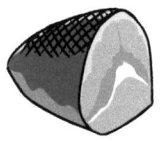

sink
i-ham

salaami
isalami

vorst
livosi

kana
inyama yenkhukhu

praeliha
lokufrayiwe

kala
imfishi

toit - kudla

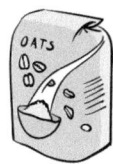

kaerahelbed
i-oats

müsli
imusili

maisihelbed
ema-cornflakes

jahu
fulawa

sarvesai
ema-croissant

kukkel
sinkhwa

leib
sinkhwa

röstsai
linkhwa lesithosiwe

küpsised
emabhisikidi

või
bhotela

kohupiim
i-curd

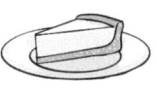

kook
likhekhe

muna
emacandza

praemuna
emacandza lafulayiwe

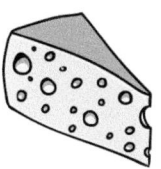

juust
ishizi

toit - kudla

jäätis
i-ice cream

suhkur
shukela

mesi
luju

moos
jamu

pähklivõie
shokolethi

karri
ikheri

toit - kudla

talu
lipulazi

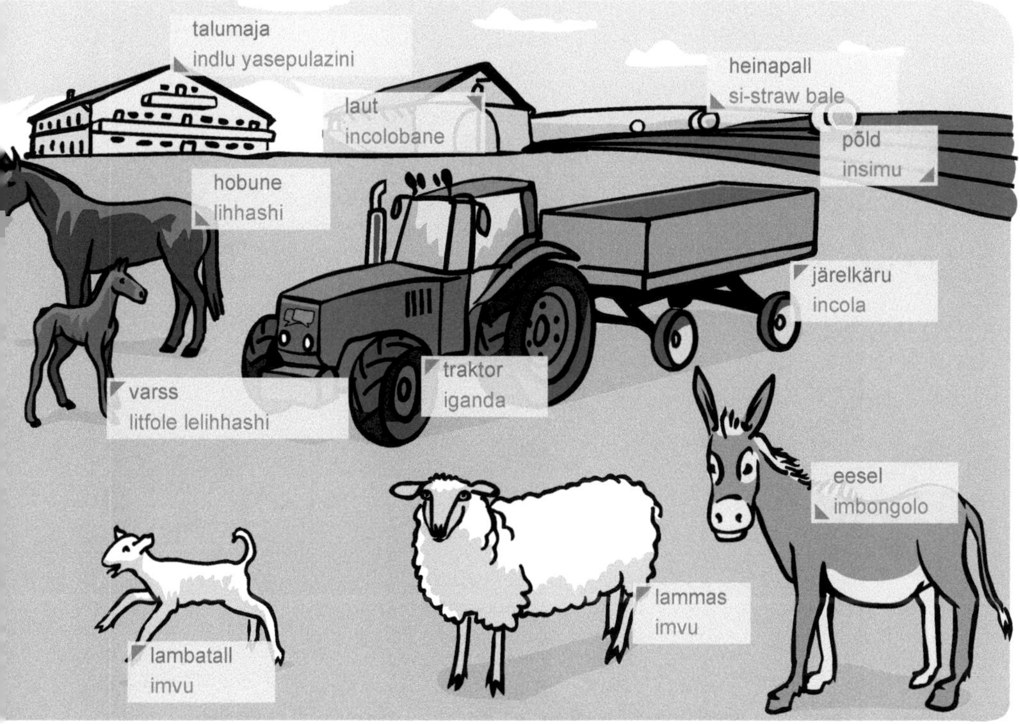

talumaja — indlu yasepulazini
laut — incolobane
heinapall — si-straw bale
põld — insimu
hobune — lihhashi
järelkäru — incola
varss — litfole lelihhashi
traktor — iganda
eesel — imbongolo
lammas — imvu
lambatall — imvu

kits
imbuti

lehm
inkhomo

vasikas
litfole

siga
ingulube

põrsas
ingulutjana

pull
inkhunzi

hani
lihansi

part
lidada

tibu
lintjwele

kana
sikhukhukati

kukk
lichudze

rott
ligundvwane

kass
likati

hiir
ligundvwane lelincane

härg
inkhunzi

koer
inja

koerakuut
indlu yenja

aiavoolik
liphayiphi lemanti asengadzini

kastekann
libhakede lemanti

vikat
i-scythe

ader
likhuba leganda

talu - lipulazi

sirp
lisikela

kõblas
likhuba

hang
imfologo yetjani

kirves
lizembe

käru
libhala

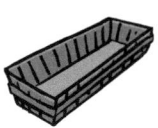

küna
litrofula

piimanõu
iromkani

kott
lisaka

tara
ifenisi

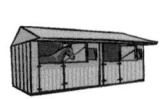

tall
sitebele

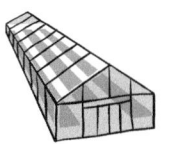

kasvuhoone
indlu leluhlata

muld
umhlabatsi

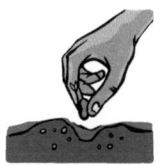

seeme
imbewu

väetis
sivundzisi

kombain
bavuni

talu - lipulazi

saaki koristama
vuna

saagikoristus
sivuno

jamss
i-yams

nisu
likhula

soja
isoyi

kartul
lizambane

mais
sibhuluja sembila

raps
i-rapeseed

viljapuu
sihlahla setitselo

maniokk
bhatata

teravili
ema-cereals

talu - lipulazi

maja
indlu

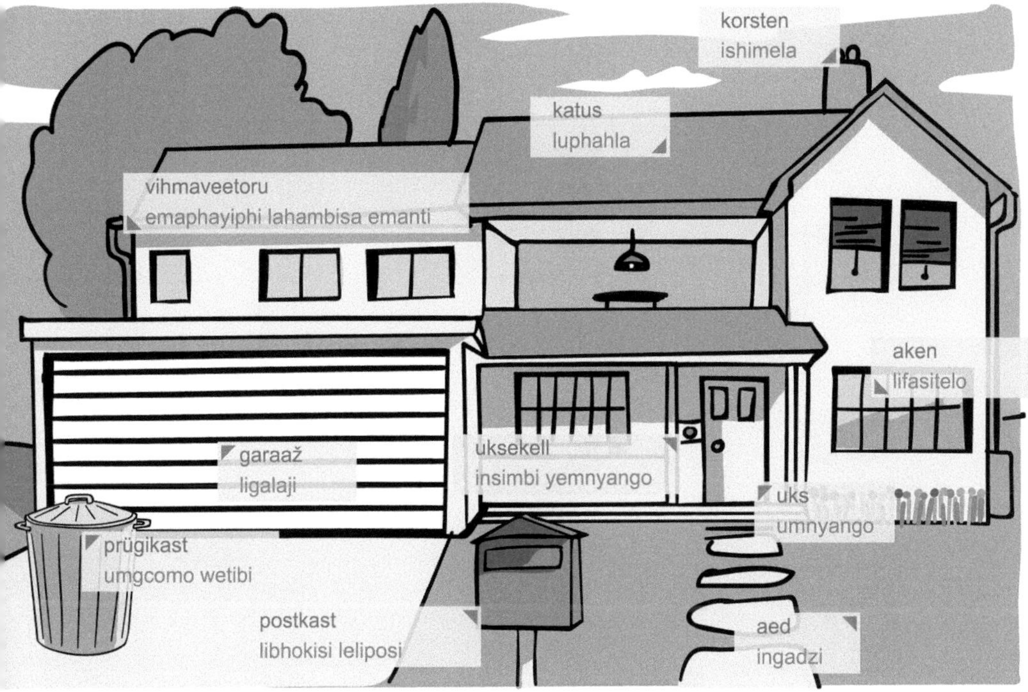

- korsten / ishimela
- katus / luphahla
- vihmaveetoru / emaphayiphi lahambisa emanti
- aken / lifasitelo
- garaaž / ligalaji
- uksekell / insimbi yemnyango
- uks / umnyango
- prügikast / umgcomo wetibi
- postkast / libhokisi leliposi
- aed / ingadzi

elutuba
indzawo yamabonakudze

vannituba
likamelo lekugezela

köök
likhishi

magamistuba
likamelo

lastetuba
likamelo lemntfwana

söögituba
ligumbu lekudlela

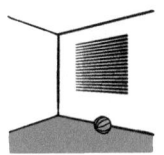

põrand
siyilo

sein
lubondza

lagi
isilingi

kelder
i-cellar

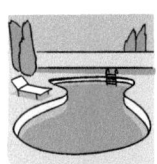

saun
i-sauna

rõdu
umpheme

terrass
libala

bassein
lidamu lekududa

muruniiduk
umshini wetjani

voodilina
lishidi

päevatekk
ibhedspredi

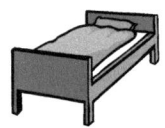

voodi
umbhedze

luud
umshanelo

ämber
libhakede

lüliti
iswishi

maja - indlu

elutuba
indzawo yamabonakudze

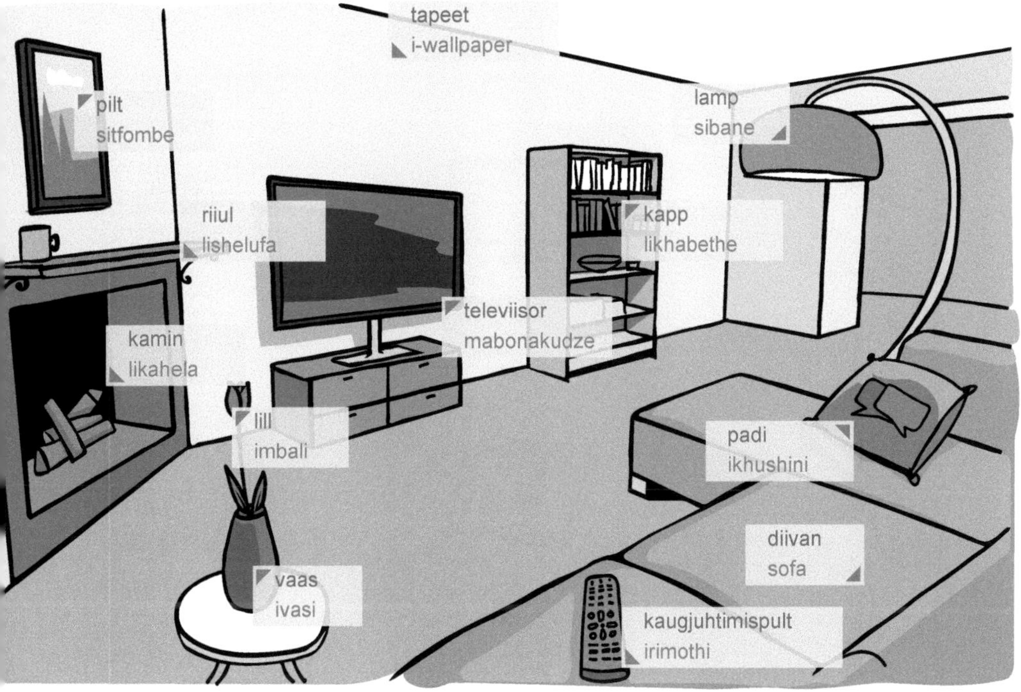

- tapeet / i-wallpaper
- pilt / sitfombe
- lamp / sibane
- riiul / lishelufa
- kapp / likhabethe
- kamin / likahela
- televiisor / mabonakudze
- lill / imbali
- padi / ikhushini
- vaas / ivasi
- diivan / sofa
- kaugjuhtimispult / irimothi

vaip
imadi yendlu

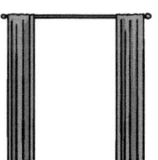

kardin
likhetheni

laud
litafula

tool
situlo

kiiktool
situlo sangephandle

tugitool
situlosemikhono

raamat
incwadzi

tekk
ingubo

kaunistus
umhlobiso

küttepuud
tinkhuni tekubasa

film
lifilimu

helisüsteem
igumbagumba

võti
tikhiya

ajaleht
liphephandzaba

maal
pende

plakat
likhadi laselubondzeni

raadio
iwayilensi

märkmik
kwekutsa emaphuzu

tolmuimeja
i-hoover

kaktus
sitjalo lokutsiwa yi-cactus

küünal
likhandlela

köök
likhishi

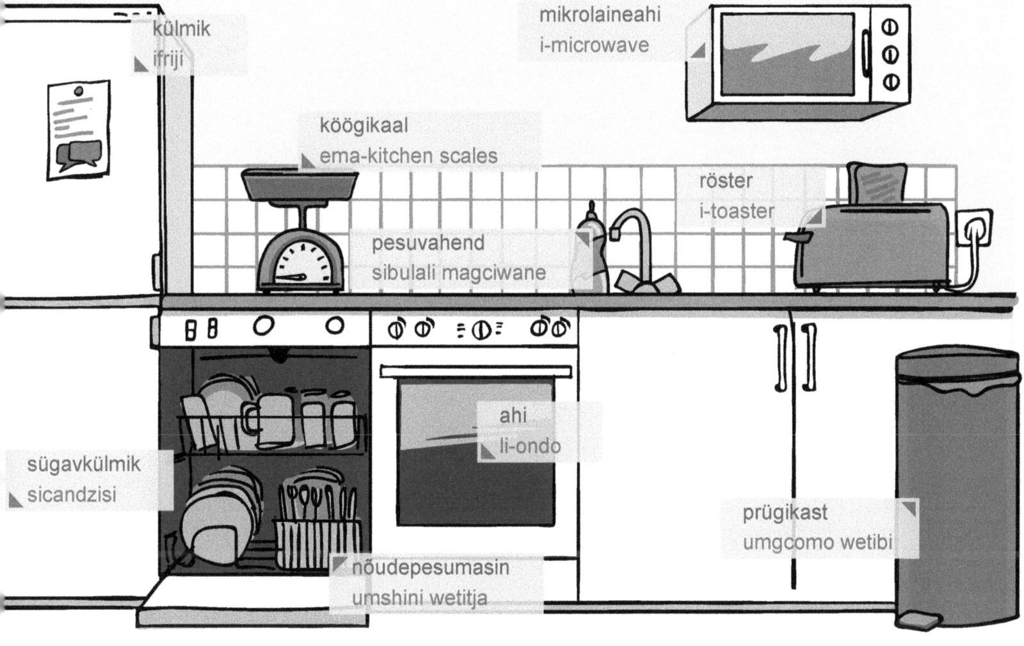

- külmik / ifriji
- mikrolaineahi / i-microwave
- köögikaal / ema-kitchen scales
- pesuvahend / sibulali magciwane
- röster / i-toaster
- ahi / li-ondo
- sügavkülmik / sicandzisi
- prügikast / umgcomo wetibi
- nõudepesumasin / umshini wetitja

pliit
umpheki

pott
libhodvo

malmpott
i-cast-iron pot

vokkpann
i-wok /kadai

pann
lipani

veekeetja
ligedlela

	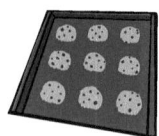	
aurutaja	küpsetusplaat	lauanõud
i-steamer	lipani lekubhaka	i-crockery

kruus	kauss	söögipulgad
imagi	indishi	tindvukwana tekujuba

kulp	pannilabidas	vispel
i-landle	si-spatula	i-whisk

kurn	sõel	riiv
i-strainer	i-sieve	i-grater

uhmer	grill	lahtine tuli
i-mortar	i-barbecue	umlilo lovulekile

köök - likhishi

lõikelaud	tainarull	korgitser
libhodi lekujuba kudla	i-rolling pin	i-corkscrew

konservipurk	konserviavaja	pajakinnas
likani	lithulusi lekuvala likani	intfo yekubeka emabhodvo

kraanikauss	hari	pesukäsn
izinki	libhulashi	sipontji

 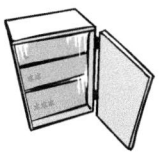 

kannmikser	sügavkülmuti	lutipudel
i-blender	i-deep freezer	libhodlela lemntfwana

segisti
impompi

köök - likhishi

vannituba
likamelo lekugezela

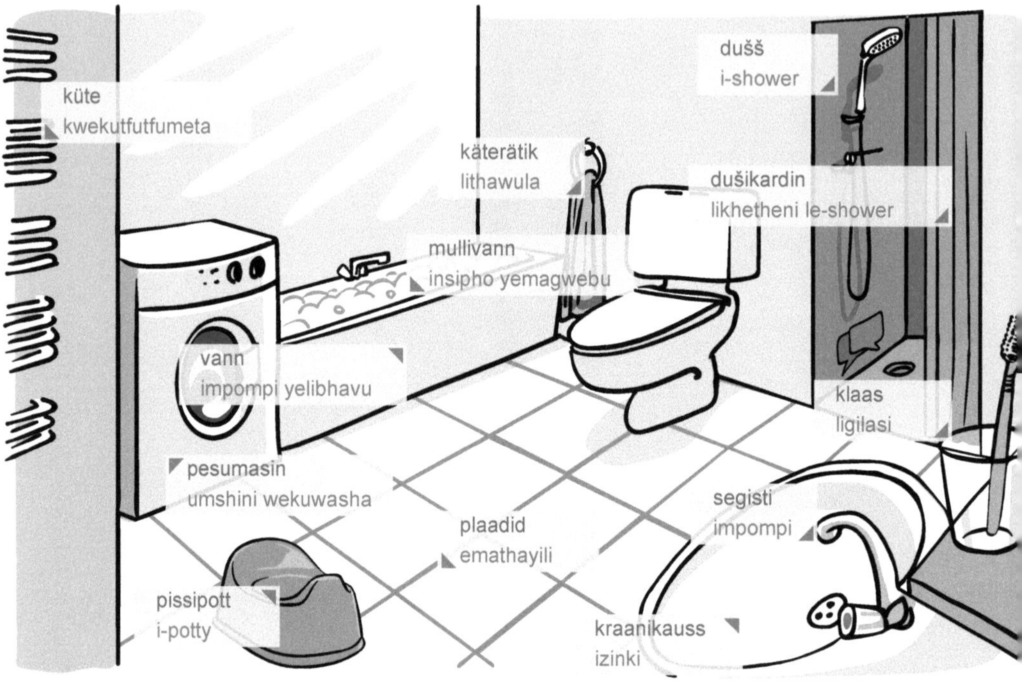

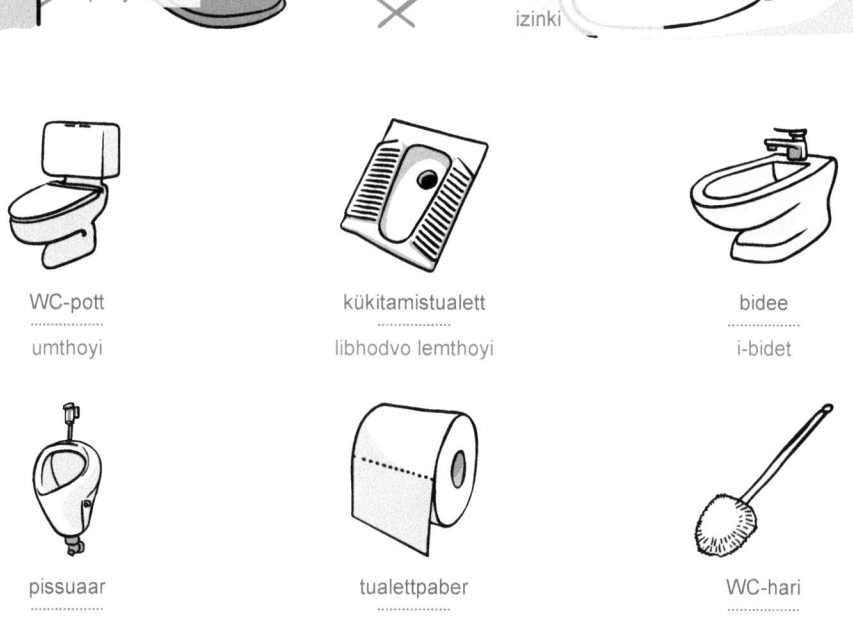

hambahari
libhulashi lematinyo

hambapasta
insipho yematinyo

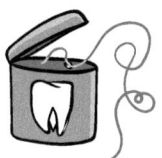
hambaniit
intsambo yekuhlanta ematinyo

pesema
washa

käsidušš
liphayiphu le-shower lelibanjwa ngetandla

intiimdušš
i-douche

pesukauss
i-basin

seljahari
libhulashi lemgogodla

seep
insipho lecinile

dušigeel
i-gel ye-shower

šampoon
insipho yemagwebu

vamm
i-flannel

äravool
kwekuhambisa emanti

kreem
i-cream

deodorant
emakha emakhwapha

vannituba - likamelo lekugezela

peegel
sibuko

käsipeegel
sibuko lesincane

habemenuga
i-razor

raseerimisvaht
emagwebu ekushefa

habemevesi
kwegcobisa ngemuva kwekushefa

kamm
i-comb

hari
libhulashi

föön
kwekomisa tinwele

juukselakk
kwekufutsa tinwele

meigikomplekt
kwekutimomonya

huulepulk
i-lipstick

küünelakk
pende wetingalo

vatt
i-cotton wool

küünekäärid
sikelo setingalo

parfüüm
emakha

tualett-tarvete kott
ikhwama setintfo tekugeza

taburet
situlo

kaal
sikali sesisindvo

hommikumantel
kwekugcoka nawugeza

kummikindad
emagilavu e-rubber

tampoon
i-tampon

hügieeniside
lithawula lekuhlanta

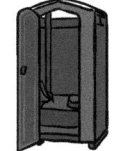
keemiline tualett
imitsi yekukolobha umthoyi

vannituba - likamelo lekugezela

lastetuba
likamelo lemntfwana

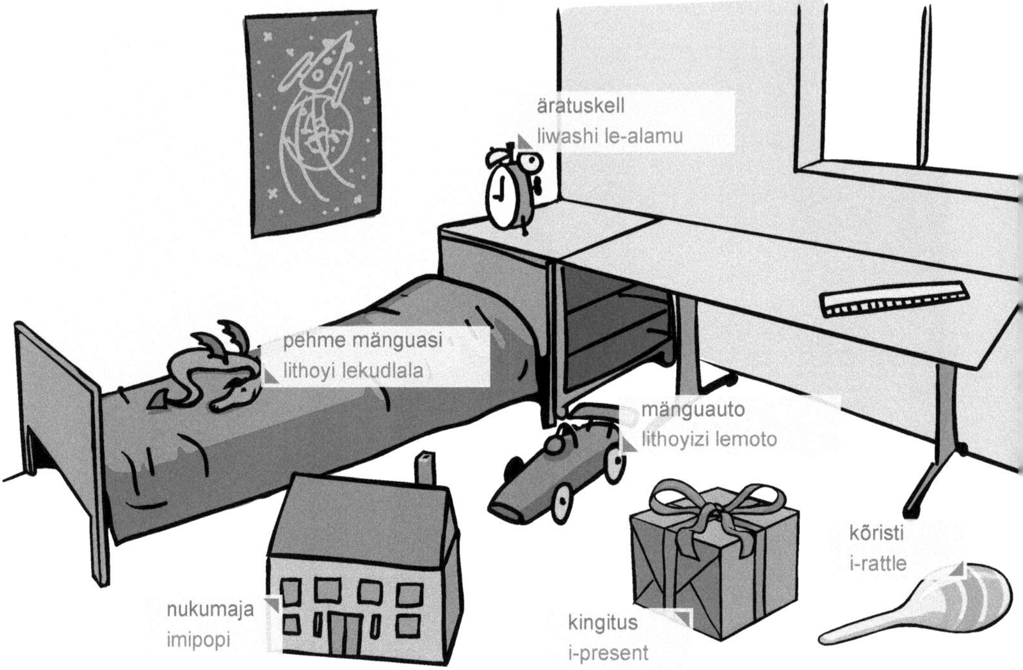

äratuskell
liwashi le-alamu
pehme mänguasi
lithoyi lekudlala
mänguauto
lithoyizi lemoto
kõristi
i-rattle
nukumaja
imipopi
kingitus
i-present

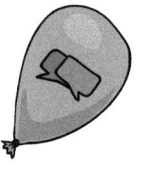

õhupall

ibhaluni

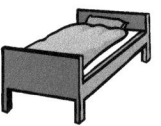

voodi

umbhedze

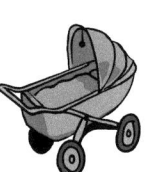

lapsevanker

ipram

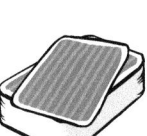

kaardipakk

emakhadi ekudlala

pusle

i-jigsaw

SUPER
MEGA

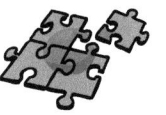

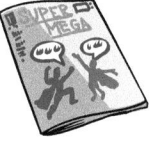

koomiks

i-comic

Lego klotsid

emabloko e-lego

klotsid

emabloko ekwakha

kujuke

i-actionfigure

siputuspüksid

kukhula kwemntfwana

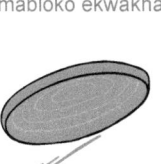

lendav taldrik

i-frisbee

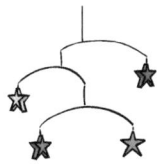

voodikarussell

i-mobile

lauamäng

ibhodi yemdlalo

täringud

lidayisi

mudelrong

isethi yemathoyizi etitimela

lutt

i-dummy

pidu

i-party

pildiraamat

incwadzi yetitfombe

pall

ibhola

nukk

nodoli

mängima

dlala

lastetuba - likamelo lemntfwana

liivakast

umgodzi wemhlabatsi

kiik

umjikeli

mänguasjad

emathoyizi

mängukonsool

umshini wemdlalo wema-video

kolmerattaline jalgratas

masondvontsatfu

mängukaru

umdoli welibhele

riidekapp

ihhodrobhu

riietus
timphahla tekugcoka

sokid

emakawosi

sukad

ema-stockings

sukkpüksid

umtjopi

riietus - timphahla tekugcoka

bodi
umtimba

püksid
emabhuluko

teksapüksid
ibhokathi

seelik
sikedi

pluus
liblawosi

särk
liyembe

sviiter
i-pullover

dressipluus
i-hoodie

bleiser
libhantji

jakk
silamba

mantel
lijazi

vihmamantel
lijazi lemvula

kostüüm
i-costume

kleit
lilogo

pulmakleit
likogo lemshado

ülikond
isudi

öösärk
i-gown yasebusuku

pidžaama
emabhijamu

sari
i-sari

pearätt
sikafu

turban
i-turban

burka
i-burqa

kaftan
i-kaftan

abayah
i-abaya

ujumistrikoo
timphahla tekududa

ujumispüksid
ema-anda

lühikesed püksid
emabhuluko lamafishane

dressid
i-treksudi

põll
liphinifa

kindad
emaglavu

riietus - timphahla tekugcoka

nööp
inkinobho

prillid
tibuko

käevõru
buhlalu

kaelakee
umgaco

sõrmus
indandatho

kõrvarõngas
emacici

nokamüts
likepisi

riidepuu
i-hanger yelijazi

kaabu
sigcoko

lips
thayi

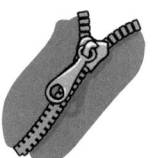

tõmblukk
iziphu

kiiver
sivikelo senhloko

traksid
kwekusekela sitfo semtimba

koolivorm
timphahla tesikolwa

vormirõivad
inyunifomu

riietus - timphahla tekugcoka

pudipõll
i-bib

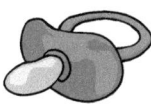

lutt
i-dummy

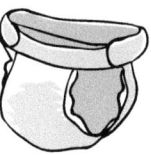

mähe
linabukeli

kontor
lihhovisi

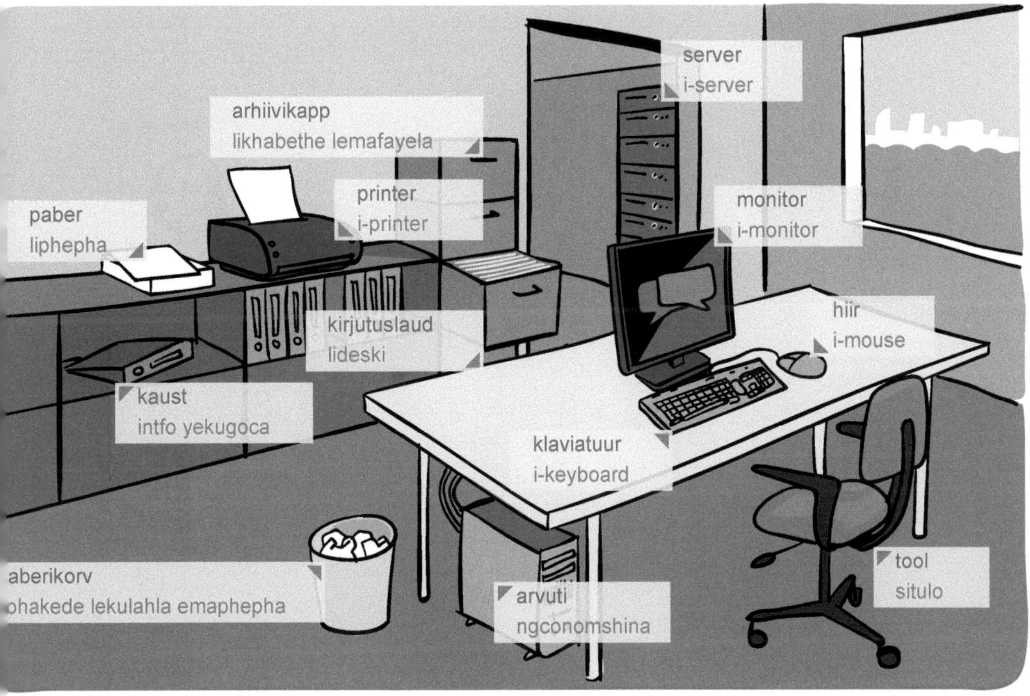

- server / i-server
- arhiivikapp / likhabethe lemafayela
- printer / i-printer
- monitor / i-monitor
- paber / liphepha
- kirjutuslaud / lideski
- hiir / i-mouse
- kaust / intfo yekugoca
- klaviatuur / i-keyboard
- aberikorv / tohakede lekulahla emaphepha
- arvuti / ngconomshina
- tool / situlo

kohvikruus
likomishi lelikofi

kalkulaator
i-calculator

internet
i-inthanethi

sülearvuti
i-laptop

kiri
incwadzi

sõnum
umlayeto

mobiiltelefon
i-mobile

võrk
i-network

koopiamasin
umshini wekwenta emakhophi

tarkvara
i-software

telefon
lucingo

pistikupesa
liplaliki lagesi

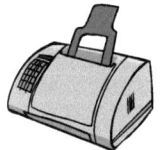

faksimasin
umshini wekufeksa

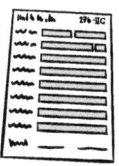

vorm
lifomu

dokument
liphepha

majandus
umnotfo

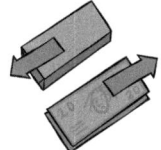

ostma
tsenga

maksma
bhadala

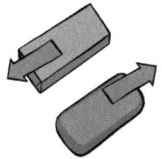

vahetama
beka imali

raha
imali

dollar
li-dollar

euro
li-euro

jeen
li-yen

rubla
li-rouble

Šveitsi frank
i-Swiss franc

renminbi jüaan
i-renminbi yuan

ruupia
i-rupee

sularahaautomaat
umshini wemali

valuutavahetuspunkt	kuld	hõbe
i-bureau de change	ligolide	lisiliva

nafta	energia	hind
woyela	emandla	linani

  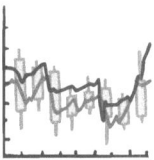

leping	maks	aktsia
sivumelwano	umtselo	sitoko

töötama	töötaja	tööandja
sebenta	sisebenti	umcashi

tehas	kauplus
ifemu	sitolo

majandus - umnotfo

ametid
tikhundla

politseinik
liphoyisa

tuletõrjuja
umcimimlilo

kokk
umpheki

arst
dokotela

piloot
umshayeli wetindiza

aednik
losebenta engadzini

puusepp
ummbati

õmbleja
umtfungi

kohtunik
mehluleli

keemik
khemisi

näitleja
umlingisi

bussijuht
umshayeli webhasi

taksojuht
umshayeli wekhumbi

kalamees
umdvobi

koristaja
limedi

katusepaigaldaja
umfuleli

kelner
waiter

jahimees
umtingeli

maaler
mapendani

pagar
umbhaki

elektrik
gesana

ehitaja
meselane

insener
sonjiniyela

lihunik
umtsengisi wenyama

torumees
somaphayiphi

postiljon
lohambisa liposi

ametid - tikhundla

sõdur
lisotja

arhitekt
umdvwebi wemapulani

kassapidaja
umtsengisi

lillemüüja
umtsengisi wetimbali

juuksur
losebenta ngetinwele

piletikontrolör
umbhidisi

mehaanik
mekhenikha

kapten
kaputeni

hambaarst
dokotela wematinyo

teadlane
sosayensi

rabi
rabi

imaam
imam

munk
monk

preester
umfundisi

tööriistad
emathulusi

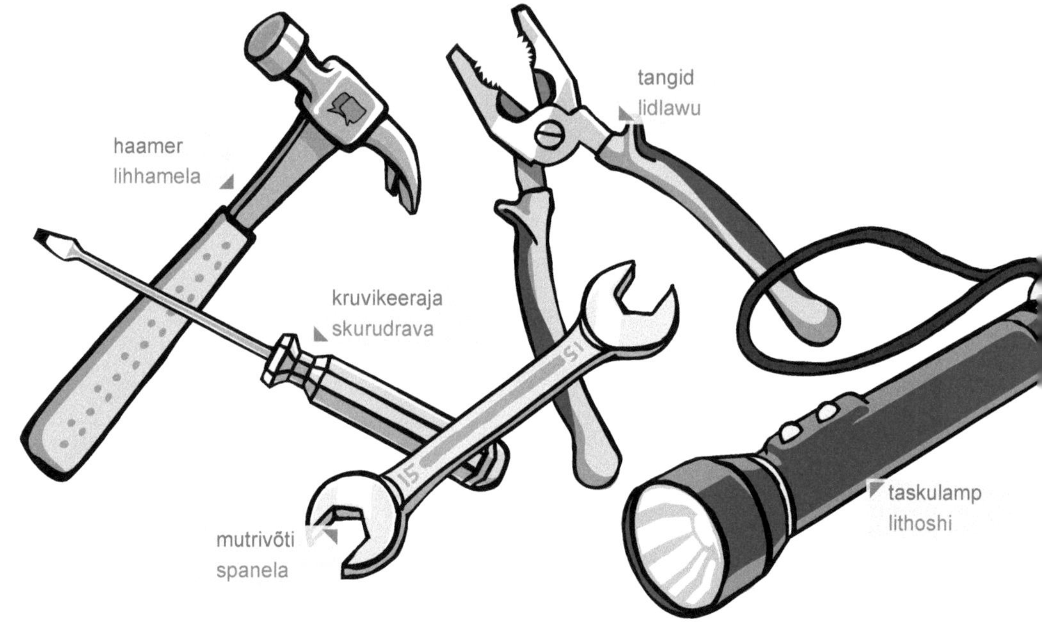

haamer
lihhamela

tangid
lidlawu

kruvikeeraja
skurudrava

mutrivõti
spanela

taskulamp
lithoshi

ekskavaator
lifosholo

tööriistakast
libhokisi lemathulusi

redel
lilele

saag
lisaha

naelad
tipikili

trell
umshini wekwenta timbobo

parandama
lungisa

labidas
lifosholo

Põrgusse!
i-Damni!

kühvel
lipani lekuwola tibi

värvipott
likani lapende

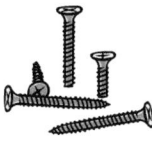
kruvid
tikruzi

pillid
insimbi yemculo

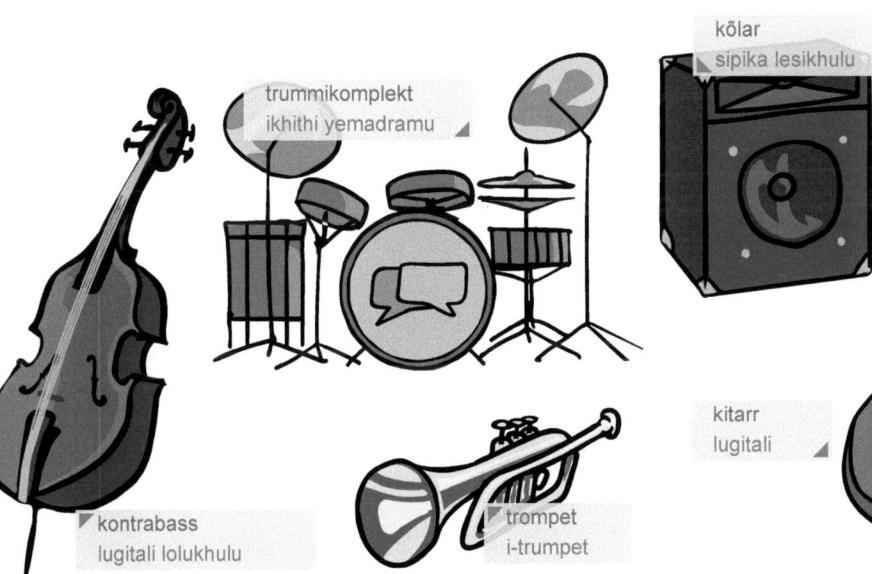

kontrabass
lugitali lolukhulu

trummikomplekt
ikhithi yemadramu

kõlar
sipika lesikhulu

trompet
i-trumpet

kitarr
lugitali

klaver

i-piano

viiul

ivayolini

bass

ibhesi

timpan

i-timpani

trummid

emadramu

süntesaator

i-keyboard

saksofon

i-saxohone

flööt

ifluthi

mikrofon

umbhobho

pillid - insimbi yemculo

loomaaed
i-zoo

- sissepääs / umnyango wekungena
- tiiger / ingwe
- puur / lihhoko
- sebra / lidvuba
- loomasööt / kupha tilwane kudla
- panda / ipanda

loomad
tilwane

elevant
indlovu

känguru
ikangaru

ninasarvik
bhejane

gorilla
igorila

karu
libhele

loomaaed - i-zoo

kaamel
likamela

jaanalind
i-ostrishi

lõvi
libhubesi

ahv
imfene

flamingo
i-flamingo

papagoi
iparoti

jääkaru
libhele

pingviin
iphejini

hai
shaka

paabulind
iphigogo

madu
inyoka

krokodill
ingwenya

loomaaiatalitaja
umgcini tilwane

hüljes
isili

jaaguar
i-jaguar

loomaaed - i-zoo

poni
poni

leopard
ingwe

jõehobu
imvubu

kaelkirjak
indlulamitsi

kotkas
lusweti

metssiga
ingulube yesiganga

kala
imfishi

kilpkonn
lifundvu

morsk
i-warasi

rebane
jakalazi

gasell
inyamatane

loomaaed - i-zoo

sport
temidlalo

tegevused
imisebenti

hüppama / gcuma
naerma / hleka
kallistama / gona
jalutama / hamba
laulma / hlabela
palvetama / thantaza
suudlema / cabuza
unistama / liphupho

kirjutama
bhala

joonistama
tsatsa

näitama
khombisa

lükkama
fuca

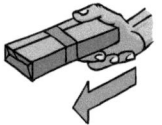

andma
nika

võtma
tsatsa

omama
tsatsa

tegema
yenta

olema
be

seisma
sukuma

jooksma
gijima

tõmbama
dvonsa

viskama
jika

kukkuma
wani

lamama
cala emanga

ootama
mani

kandma
tsatsa

istuma
hlala

riidesse panema
yembatsa

magama
lala

ärkama
vuka

tegevused - imisebenti

vaatama
buka

nutma
khala

paitama
shaya

kammima
kama

rääkima
khuluma

aru saama
condza

küsima
buta

kuulama
lalela

jooma
natsa

sööma
dlani

korrastama
gcogca

armastama
tsandza

süüa tegema
pheka

sõitma
shayela

lendama
ndiza

tegevused - imisebenti

purjetama
ntjuza

arvutama
bala

lugema
fundza

õppima
fundza

töötama
sebenta

abielluma
shada

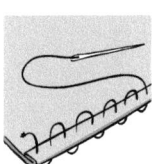
õmblema
tfunga

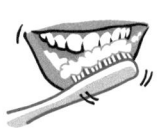
hambaid pesema
kugeza ematinyo

tapma
bulala

suitsetama
bhema

saatma
tfumela

tegevused - imisebenti

perekond
umndeni

vanaema / gogo

vanaisa / mkhulu

isa / babe

ema / make

imik / umntfwana

tütar / indvodzakati

poeg / indvodzana

külaline
sivakashi

tädi
anti

onu
malume

vend
umnaketfu

õde
sisi

keha
umtimba

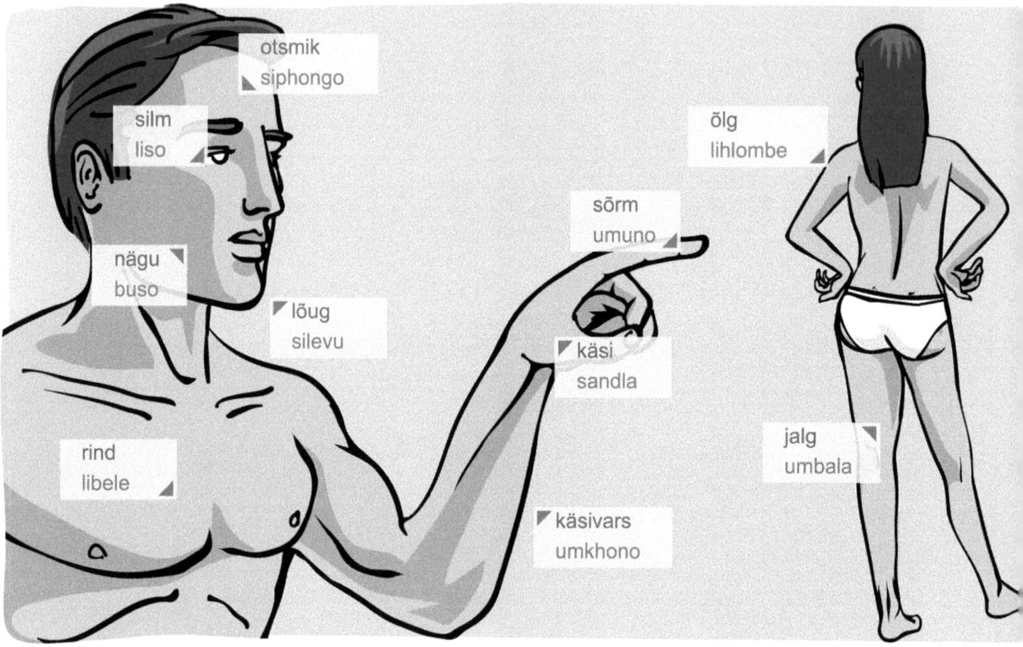

otsmik
siphongo

silm
liso

õlg
lihlombe

sõrm
umuno

nägu
buso

lõug
silevu

käsi
sandla

rind
libele

jalg
umbala

käsivars
umkhono

imik

umntfwana

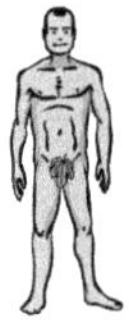

mees

indvodza

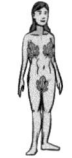

naine

umfati

tüdruk

intfombatane

poiss

umfana

pea

inhloko

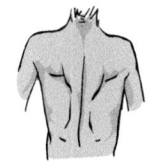

selg
emuva

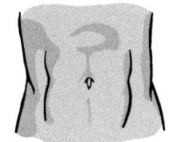

kõht
umkhatjana

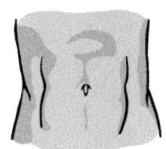

naba
sibhono

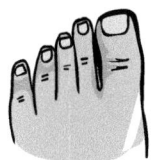

varvas
luzwane

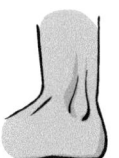

kand
sitsendze

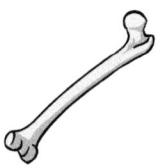

luu
litsambo

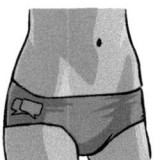

puus
litsanga

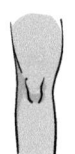

põlv
lidvolo

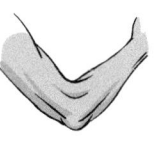

küünarnukk
ingcosa

nina
imphumulo

tagumik
entansi

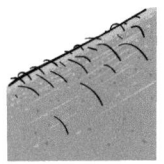

nahk
sikhumba

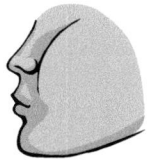

põsk
sihlatsi

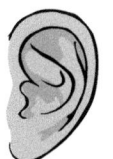

kõrv
indlebe

huuled
indzebe

keha - umtimba

suu
umlomo

hammas
litinyo

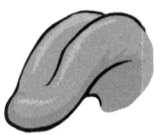
keel
lilimi

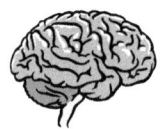
aju
bucopho

süda
inhlitiyo

lihas
umsipha

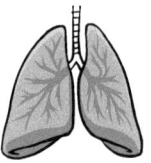
kops
liphaphu

maks
sibindzi

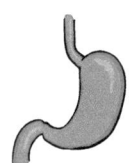
magu
sisu

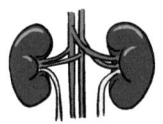
neerud
tinso

seksuaalvahekord
kulalana

kondoom
lijazi lemkhwenyana

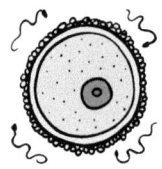
munarakk
licandza lentalo

sperma
sidvodza

rasedus
kukhulelwa

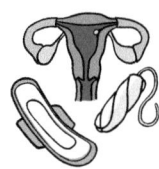
menstruatsioon
kuya esikhatsini

vagiina
ligolo

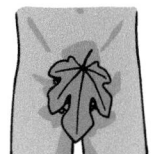
peenis
umpipi

kulm
inkhophe

juuksed
lunwele

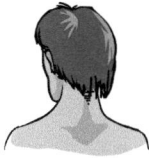
kael
intsamo

keha - umtimba

haigla
sibhedlela

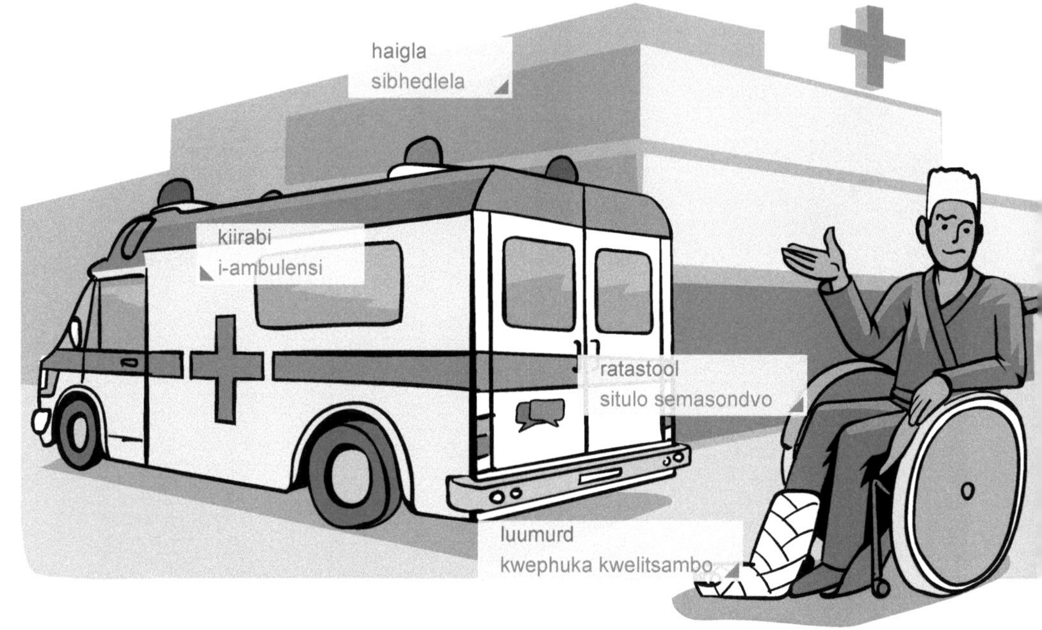

haigla
sibhedlela

kiirabi
i-ambulensi

ratastool
situlo semasondvo

luumurd
kwephuka kwelitsambo

arst
dokotela

traumapunkt
ligumbi letimo letiphutfumako

meditsiiniõde
nesi

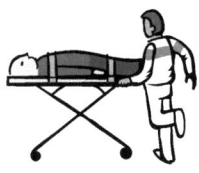

hädaolukord
simo lesiphutfumako

teadvuseta
kucaleka

valu
buhlungu

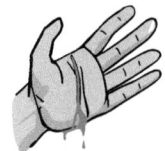

vigastus
kulimala

verejooks
kopha

südamerabandus
kuhlaselwa sifo senhlitiyo

insult
kufa luhlangotsi

allergia
i-aleji

köha
kukhwehlela

palavik
kushisa

gripp
umkhuhlane

kõhulahtisus
kusheka

peavalu
kubulawa yinhloko

vähk
umdlavuza

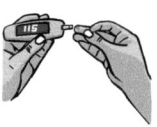

diabeet
kuba nashukela

kirurg
dokotela

skalpell
umukhwa wekusika wabodokotela

operatsioon
kusikwa

haigla - sibhedlela

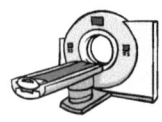 KT / i-CT	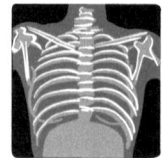 röntgen / i-x ray	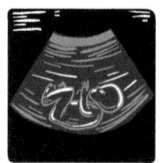 ultraheli / umsindvo
 mask / sifonyo	 haigus / sifo	 ooteruum / ligumbi lekulindza
 kark / indvuku yekuhamba	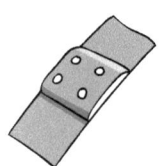 kips / i-plaster	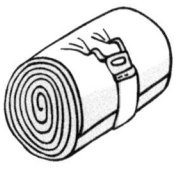 side / ibhandishi
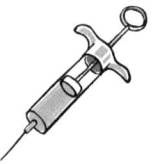 süst / umjovo	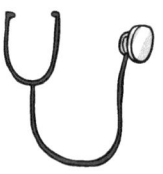 stetoskoop / lithulusi labodokotela lekulalela inhlitiyo	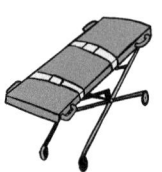 kanderaam / luhlaka
 kraadiklaas / kwekuhlola lizinga lemuntfu lekushisa	 sünd / kutalwa	 ülekaaluline / kunona kakhulu

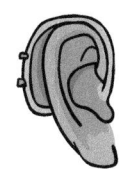
kuuldeaparaat
tinsita tekuva etindlebeni

desinfektsioonivahend
sibulali magciwane

põletik
kwesuleleka ngesifo

viirus
ligciwane

HIV / AIDS
i-HIV / AIDS

meditsiin
umutsi

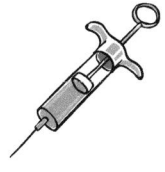
vaktsineerimine
kugoma

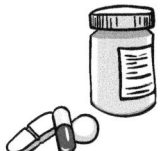
tabletid
emaphilisi

pill
liphilisi

hädaabikõne
lucingo loluphutfumako

vererõhuaparaat
sicaphi semfutfo wengati

haige / terve
gula / umcemane

haigla - sibhedlela

hädaolukord
simo lesiphutfumako

Appi! — Lusito!

häire — i-alamu

kallaletung — kuhlukumeta

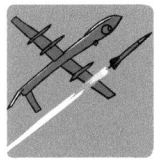

rünnak — kuhlasela

oht — ingoti

avariiväljapääs — umnyango wekuphuma nakuphutfuma

Tulekahju! — Umlilo

tulekustuti — sicishamlilo

õnnetus — ingoti

esmaabikomplekt — ikhidi yelusito lwekucala

SOS — SOS

politsei — emaphoyisa

Maa
Umhlaba

Euroopa
i-Europe

Põhja-Ameerika
iNyakatfo YeMelika

Lõuna-Ameerika
iNingizimu YeMelika

Aafrika
i-Afrika

Aasia
i-Asia

Austraalia
i-Australia

Atlandi ookean
i-Atlantic

Vaikne ookean
i-Pacific

India ookean
i-Idian Ocean

Lõuna-Jäämeri
i-Antarctic Ocean

Põhja-Jäämeri
i-Arctic Ocean

põhjapoolus
Ligumbi laseNyakatfo

Maa - Umhlaba

lõunapoolus — Ligumbi laseNingizimu

Antarktika — iAntarctica

Maa — Umhlaba

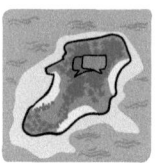

maismaa — indzawo

meri — lwandle

saar — sichingi

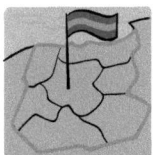
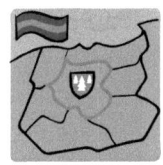

rahvus — sive

riik — umbuso

kell
liwashi

sihverplaat
buso beliwashi

tunniosuti
li-awa

minutiosuti
imizuzu

sekundiosuti
imizuzwana

Mis kell on?
sikhatsi sini nyalo?

päev
lusuku

aeg
sikhatsi

praegu
nyalo

digitaalne kell
liwashi lesimanjemanje

minut
umzuzu

tund
li-awa

kell - liwashi

nädal
liviki

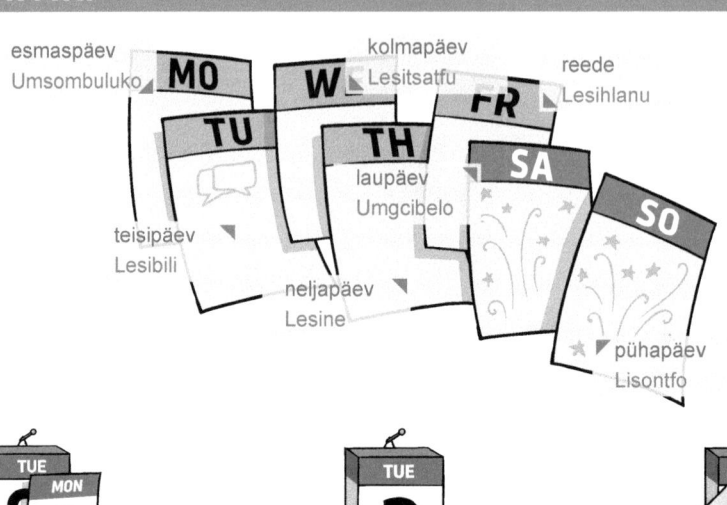

esmaspäev — Umsombuluko
teisipäev — Lesibili
kolmapäev — Lesitsatfu
neljapäev — Lesine
reede — Lesihlanu
laupäev — Umgcibelo
pühapäev — Lisontfo

eile
itolo

täna
lamuhla

homme
kusasa

hommik
ekuseni

lõuna
emini

õhtu
entsambama

tööpäevad
emalanga emsebenti

nädalavahetus
imphelasontfo

aasta
umnyaka

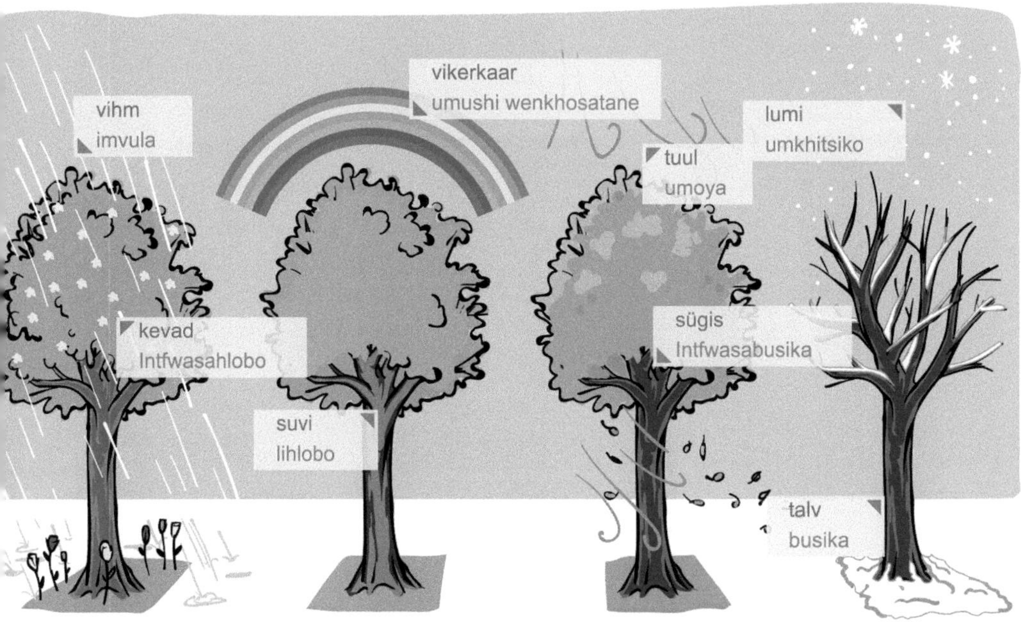

vihm
imvula
vikerkaar
umushi wenkhosatane
lumi
umkhitsiko
tuul
umoya
kevad
Intfwasahlobo
sügis
Intfwasabusika
suvi
lihlobo
talv
busika

4.APRIL 11°
5.APRIL 4°
6.APRIL 13°
7.APRIL 8°
8.APRIL 10°

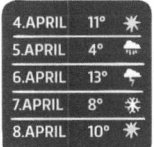

ilmaennustus

simo selitulo

F C
120 40
90 30
60 20
30 10
0 0
-30 -10
-20

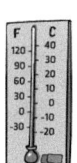

termomeeter

kwekuhlola lizinga lekushisa

päikesepaiste

kubalela

pilv

emafu

udu

inkhungu

niiskus

umswakamo

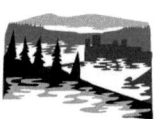

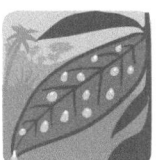

pikne

umbane

kõu

umbane

torm

kudvuma lobunebungoti

rahe

sangcotfo

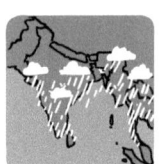

mussoon

inyeti

üleujutus

tikhukhula

jää

lichwa

jaanuar

Bhimbidvwane

veebruar

Indlovana

märts

Indlovulenkhulu

aprill

Mabasa

mai

Inkhwenkhweti

juuni

Inhlaba

juuli

Kholwane

august

Ingci

aasta - umnyaka

september
Inyoni

oktoober
Imphala

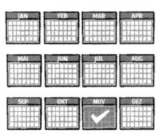
november
Lweti

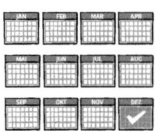
detsember
Ingongoni

kujundid
kubumbeka kwetintfo

ring
indingiliza

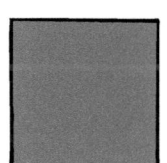
ruut
sikwele

nelinurk
umdvwebo lonetinhlangotsi letindze letilinganako

kolmnurk
ncantsatfu

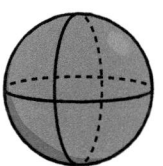
kera
i-sphere

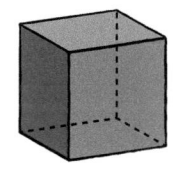
kuup
ikhiyubhu

värvid
imibala

valge
kumhlophe

kollane
phuti

oranž
sheli

roosa
kupinki

punane
kubovu

lilla
kunsomi

sinine
luhlata

roheline
luhlata njengetjani

pruun
loku-brown

hall
mtfubi

must
mnyama

vastandid
lokwehlukile

palju / vähe
kunyenti / kuncane

vihane / rahulik
kutfukutsela / kwehlisa umoya

ilus / inetu
buhle / bubi

algus / lõpp
sicalo / siphetfo

suur / väike
bukhulu / buncane

hele / tume
kukhanya / bumnyama

vend / õde
bhuti / sisi

puhas / must
kuhloba / kungcola

täielik / puudulik
kuphelela / kungapheleli

päev / öö
imi / busuku

surnud / elus
kufa / kuphila

lai / kitsas
kubanti / kuncane

vastandid - lokwehlukile

söödav / mittesöödav
lokudliwako / lokungadliwa

kuri / sõbralik
inhlitiyo lembi / umusa

põnevil / tüdinud
kutsakasa / kudvumala

paks / peenike
sidudla / umcondvo

esimene / viimane
kwekucala / kwekugcina

sõber / vaenlane
umngani / sitsa

täis / tühi
kugcwala / kute lutfo

kõva / pehme
kucina / kutsamba

raske / kerge
kusindza / kulula

nälg / janu
kulamba / koma

haige / terve
gula / umcemane

ebaseaduslik / seaduslik
kungabi semtsetfweni /
kuba semtsetfweni

 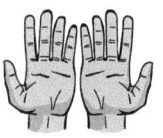 

tark / rumal
kuhlakanipha / bulima

vasak / parem
sencele / sekudla

lähedal / kaugel
dvutane / khashane

vastandid - lokwehlukile

uus / kasutatud
lokusha / lokudzala

mitte midagi / midagi
kute lutfo / kunalokutsite

vana / noor
budzala / busha

sees / väljas
kuyasebenta / akusebenti

lahti / kinni
kuvulekile / kuvalekile

vaikne / vali
kuthula / umsindvo

rikas / vaene
kunjinga / kuphuya

õige / vale
kulungile / akukalungi

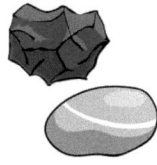
kare / sile
kuyahhedla / kuyashelela

kurb / rõõmus
kuva buhlungu / kujabula

lühike / pikk
kufishane / kudze

aeglane / kiire
kunwabuka / kushesha

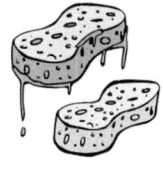
märg / kuiv
kumanti / komile

soe / jahe
kufutfumele / kusivuvu

sõda / rahu
imphi / kuthula

vastandid - lokwehlukile

numbrid
tinombolo

0
null
indilinga

1
üks
kunye

2
kaks
kubili

3
kolm
kutsatfu

4
neli
kune

5
viis
sihlanu

6
kuus
sitfupha

7
seitse
sikhombisa

8
kaheksa
siphohlongo

9
üheksa
yimfica

10
kümme
lishumi

11
üksteist
lishumi nakunye

12
kaksteist
lishumi nakubili

13
kolmteist
lishumi nakutsatfu

14
neliteist
lishumi nakune

15
viisteist
lishumi nesihlanu

16
kuusteist
lishumi nesitfupha

17
seitseteist
lishumi nesikhombisa

18
kaheksateist
lishumi nesiphohlongo

19
üheksateist
lishumi nemfica

20
kakskümmend
emashumi lamabili

100
sada
likhulu

1.000
tuhat
inkhulungwane

1.000.000
miljon
sigidzi

numbrid - tinombolo

keeled
tilwimi

inglise
Singisi

Ameerika inglise
Singisi saseMelika

mandariini
SiMandarini seseShayina

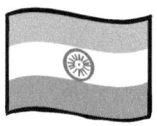
hindi
SiHindi

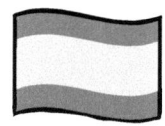
hispaania
Sipanishi

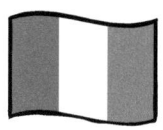
prantsuse
SiFulentji

araabia
Si-Arabu

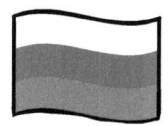
vene
SiRashiya

portugali
SiPhuthukezi

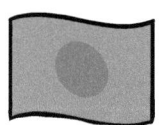
bengali
SiBhengali

saksa
SiJalimane

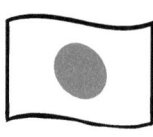
jaapani
SiJapane

kes / mis / kuidas
ngubani / ini / njani

mina
Mine

sina
wena

tema
yena / yona

meie
tsine

teie
nine

nemad
bona

kes?
bani?

mis?
ini?

kuidas?
njani?

kus?
kuphi?

millal?
nini?

nimi
libito

kus
kuphi

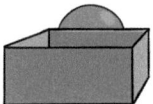

taga
ngemuva

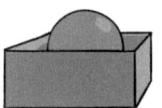

sees
ekhatsi

ees
embi kwe

kohal
ngenhla

peal
etulu

all
ngephansi

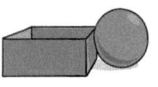

kõrval
eceleni

vahel
emkhatsini

koht
indzawo